Terra Nuova dei piccoli

CELESTE CONIGLIO

Le imprese del Supereroe di Gaia, la Terra

di Manuela Monari

Illustrazioni di Rebecca Serchi

Celeste Coniglio non teme nessuno.
Spunta quando meno te lo aspetti.
Spunta non si sa da dove.
Spuntano le sue orecchie celesti, il suo muso celeste, la sua testa celeste...

Ha il coraggio di un leone, benché sia nato coniglio, ed è l'EROE-EXTRA-GALATTICO della Terra.
Tutti tremano, traballano, fuggono:
tutti, tranne gli animali.

Perché Celeste Coniglio è il Super Eroe di tutti gli animali!

pelosi squamosi lisci viscidi teneri

terrificanti

PROPRIO TUTTI!

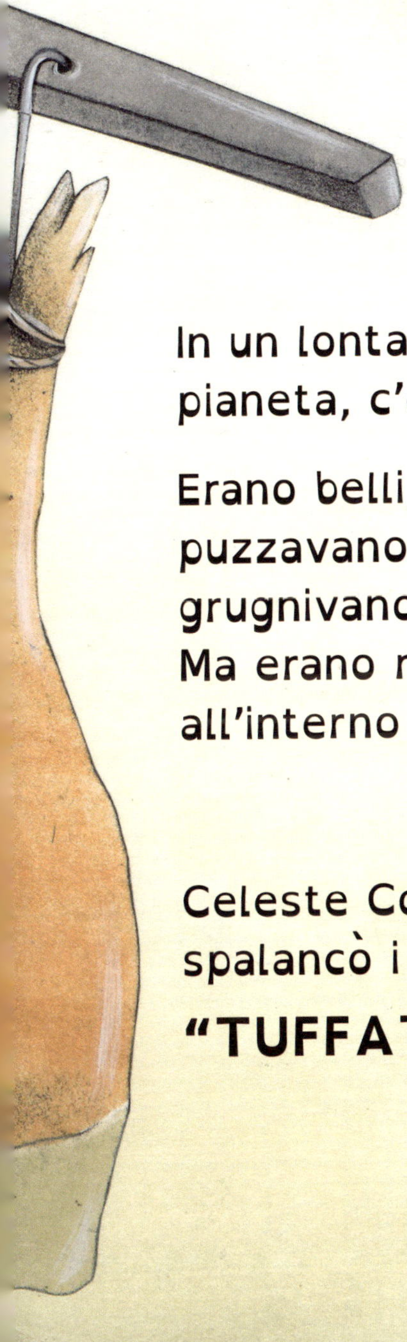

In un lontanissimo luogo del roteante pianeta, c'era un allevamento di maiali.

Erano belli, rosa come confetti,
puzzavano come deve puzzare un buon maiale,
grugnivano intonati e in coro.
Ma erano rinchiusi, prigionieri, uno accanto all'altro
all'interno di un terrificante contenitore senza spazio.

Celeste Coniglio piombò in mezzo a loro,
spalancò i recinti e disse:

"TUFFATEVI NEL FANGO!"

Poi si rivolse ai proprietari dell'allevamento:
"Voi, esseri a due zampe **ACCALAPPIA DOLCI MAIALI**,
avete vinto uno strepitoso **SOGGIORNO GRATUITO**
in questo **HOTEL 4 STELLE**, ehm, volevo dire...

4 STALLE!

Fanghi e riposo gratis! Venite qui, uno incollato all'altro,
come sottaceti in un barattolo!"

SBAM!

Celeste Coniglio chiuse i cancelli,
col suo tenero e soddisfatto sorriso da coniglio.
I custodi dei maiali si guardarono e abbassarono gli occhi
perché si resero conto che avrebbero sperimentato
cosa significa vivere in un allevamento intensivo.
Celeste Coniglio pensò: "Ho capito che hanno capito!
Sarà sufficiente far loro trascorrere un fine settimana
in questo hotel particolare".
Celeste Coniglio è di animo nobile.

HOTE
ST~~E~~ALLE
HOTEL
ST~~E~~ALLE

SOS

In un laboratorio dove si facevano esperimenti sugli animali, un piccolo topo piuttosto audace lanciò l'inconfondibile richiesta di aiuto per Celeste Coniglio: un celeste messaggio che viaggia nell'etere.

C'erano gabbie ovunque e dalle gabbie uscivano LATRATI, SQUITTII, MIAGOLII, RANTOLII: erano **ANIMALI CAVIE DA LABORATORIO.**
Le piccole cavie squittivano, grugnivano, zampettavano come potevano, e rinchiuse all'interno di microscopiche gabbie, non riuscivano proprio a capire: perché questi esseri, che si definiscono umani, ci fanno del male per produrre creme di bellezza?

IL MONDO È GIÀ COSÌ BELLO!

Ma forse solo loro, con i loro occhi da cavie e i loro piccoli pensieri, vedevano il bello...

ml

Planato sul posto, Celeste Coniglio prese un siringone lungo come un tir e lo piazzò davanti agli occhi sgranati degli scienziati. Con il suo sorriso molto scientifico, conficcò l'ago nel didietro di quei signoroni in camice bianco, che dormirono, dormirono... e sognarono un mondo pieno di animali liberi che scorrazzavano loro sulle pance e ridevano nei mille modi in cui ridono gli animali nei sogni.

Era una festa in cui umani e animali collaboravano tra loro, e la bellezza non si spalmava sul viso ma era tutt'intorno: appesa agli alberi, distesa sui prati, in equilibrio sulle onde del mare.

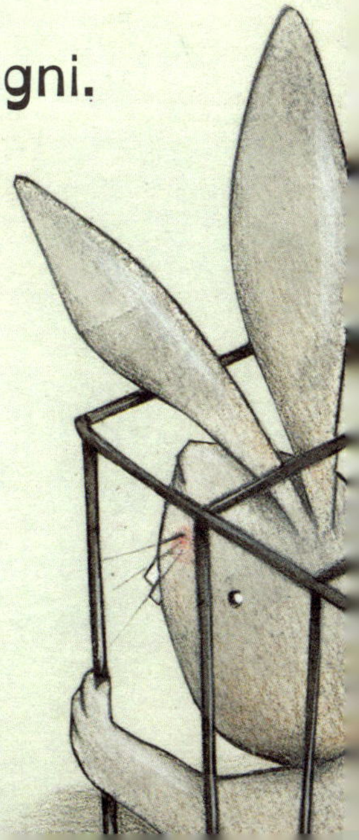

Celeste Coniglio aveva, però, un punto debole.
Ahimè, mi duole dirlo, ma è così!

AVEVA UNA GRAN PAURA DELL'ACQUA.

Ma i supereroi non possono permettersi punti deboli!
Così, quando udì il canto delle balene indebolirsi,
saltò su un gommone corazzato e piombò
nel bel mezzo dell'oceano. L'acqua turbinava.
Le onde erano alte come cavalloni alieni.
Il suo cuore era in tempesta.

Ma Celeste Coniglio ebbe la meglio!!!

Si diresse verso il peschereccio degli spietati
CACCIATORI DI BALENE GIGANTI
e creò con il suo gommone un vortice di acqua
e di vento possente e...

WRUUuuUMMM!

Non c'era più traccia di alcuna paura e come in un film
Celeste Coniglio fece manovre acrobatiche, frullò, rullò,
si avvitò e il peschereccio decollò in aria e sparì,
come Dorothy e la sua casetta.

Le balene erano finalmente salve
e ripresero a cantare.

Celeste Coniglio era così felice di aver salvato altri animali
che gli si drizzarono le orecchie, già lunghe,
di altri dieci centimetri, il pelo si arruffò, un po' come quello
dei gatti infuriati, e la coda a pompon cominciò a roteare
come un disco volante (come faccia non si sa).

Esplose il suo più bel sorriso da coniglio
con tutti i denti erbivori in vetrina.
È così carino a vedersi, quando è contento!

Ed era così fiero e lieto che non pensò più alla paura dell'acqua, quando dovette intervenire d'urgenza in un fiume tropicale per liberare un coccodrillo terrorizzato da quattro **RUBA PELLE RUGOSA PREZIOSA DI RETTILE**, che volevano trasformarlo in cinture, scarpe e borsette.
Celeste Coniglio balzò sulla canoa di quei malandrini e cominciò a saltare da prua a poppa senza fine.
Di qua e di là, di qua e di là,
come una celeste e pelosa pallina da ping pong.
La canoa si inabissò e portò con sé gli umani ruba-pelle... che in quel viaggio verso gli abissi ebbero modo di pensare al loro comportamento. Ora, tornati in superficie, intrecciano alghe per fare borse della spesa ecologiche.

Ci sono sempre utili alternative nella vita...
basta pensarci un po'!

Il coccodrillo, entusiasta di aver mantenuto
la sua affusolata forma da coccodrillo vivo,
e di non essere diventato una scatola
con i lacci per contenere i puzzolenti piedi
di un ricco signore, volle ringraziare
Celeste Coniglio con una spettacolare crociera
lungo il Rio delle Amazzoni.

Celeste Coniglio sudava freddo,
ma fece finta di niente,
per non deludere il suo amico,
e poi il paesaggio era incantevole!

Ma le avventure di Celeste Coniglio
non finiscono certo sui fiumi tropicali.
Celeste Coniglio sente e vede tutto,
soprattutto ogni cosa che **GLI ESSERI A DUE ZAMPE**
combinano sulla Terra per ferire altri animali.

Veloce, con il suo passo celeste,
scorrazza per il pianeta e verrà anche da te,
quando meno te lo aspetti,
se ti vedrà tirare una coda, graffiare un muso,
dare un pugno a un corpo, deridere un essere,
lanciare un sasso contro un gatto
o un tuo compagno di classe.

Come ogni supereroe che si rispetti Celeste Coniglio è sempre all'erta.
Lui conosce la voce delle stelle.
La voce di altri pianeti e luoghi dove la vita conta.
La voce dell'energia che collega ogni cosa e ogni essere.

Il verso di ogni animale dice cose non diverse dalle nostre:
voglio vivere, voglio stare con i miei cuccioli,
voglio correre libero nella foresta, arrampicarmi, nuotare,
sentire il vento sul pelo o nelle ali, voglio essere felice.
Voglio stare come voi e con voi su questa bella Madre Terra.

Siamo tutti animali in fondo e siamo tutti Celesti.

Guarda bene!
Lo vedi il Celeste...
lì in fondo...
in fondo ai tuoi occhi
e in fondo a quelli del tuo cane.
Attenzione... lo vedo anche là, il Celeste.

Sulla punta quasi secca dello spino del cactus
che vive sulla mensolina del bagno.

Corri a innaffiarlo.
Altrimenti quando meno te lo aspetti, arriverà
Celeste Coniglio in versione Green, che significa Verde,
perché non appena boschi, foreste, piante e fiori
vengono maltrattati i suoi occhi scuri si accendono
come verdi lampioni nella notte,
come le luci di un missile sulla base di lancio e...
lui è pronto all'attacco!

Guai a maltrattare i giganti guardiani della terra, gli alberi!
Celeste Coniglio si inalbera e... ricominciano le avventure!

Manuela Monari vive a Modena, dove insegna presso la Scuola Primaria di Soliera. Essendo la scrittura la sua principale passione, da anni pubblica libri per ragazzi, poesie e testi di canzoni. Nel 2002, sempre a Modena, ha aperto la Bottega di Merlino, libreria per ragazzi e per svolgere laboratori creativi. Si interessa inoltre di discipline orientali, antiche scuole di conoscenza e di Buddhismo Tibetano. L'attenzione alla crescita interiore e globale della persona fin dall'infanzia la porta ad affrontare temi con l'ecologia, i valori etici universali, la bellezza e la danza delle emozioni.

Rebecca Serchi, pittrice e illustratrice, vive e lavora in provincia di Firenze. Dopo aver frequentato l'Istituto d'Arte di Firenze ha seguito i corsi di illustrazione tenuti da Brunella Baldi. Nel 2016 con Alice Montagnini ha vinto il primo premio al XIV Concorso Internazionale per l'albo illustrato inedito "Città di Schwanenstadt/Sulle Ali dei Cigni". Conduce laboratori didattici e creativi per bambini presso scuole, musei e biblioteche. Ama la musica, i pesci e i palloncini colorati.

Direzione editoriale: Mimmo Tringale e Nicholas Bawtree
Responsabile della collana: Brunella Baldi

Autrice: Manuela Monari
Illustratrice: Rebecca Serchi

Direzione grafica e copertina: Andrea Calvetti
Impaginazione: Arianna Comunelli

Questo libro utilizza il font ad alta leggibilità OpenDyslexic, pensato per consentire la lettura in autonomia di chi è soggetto a dislessia.

50127 Firenze - tel 055 3215729 - fax 055 3215793
libri@terranuova.it - www.terranuova.it

I edizione: ottobre 2018
Ristampa
VII VI V IV III II I 2022 2021 2020 2019 2018

Collana: Terra Nuova dei Piccoli
ISBN: 978886681 428 3
Stampa: Lineagrafica, Città di Castello (Pg)